Todos los libros de Linkgua Ediciones cuentan con modelos de Inteligencia Artificial entrenados por hispanistas. Pregúntale al chat de tu libro lo que desees acerca de la obra o su autor/a.

Para ebooks: Accede a nuestro modelo de IA a través de este enlace.

Para libros impresos: Escanea el código QR de la portada con tu dispositivo móvil.

Obtén análisis detallados de nuestros libros, resúmenes, respuestas a tus preguntas y accede a nuestras ediciones críticas generativas para una experiencia de lectura más enriquecedora.
La transparencia y el respeto hacia la autoría de las fuentes utilizadas son distintivos básicos de nuestro proyecto. Por ello, las respuestas ofrecen, mediante un sistema de citas, las fuentes con las que han sido elaboradas.

Silvestre de Balboa

Espejo de paciencia

Barcelona 2024
Linkgua-ediciones.com

Créditos

Título original: Espejo de paciencia.

© 2024, Red ediciones S.L.

e-mail: info@linkgua.com

Diseño de la colección: Michel Mallard.

ISBN rústica ilustrada: 978-84-9007-499-2.
ISBN rústica: 978-84-96290-94-5.
ISBN ebook: 978-84-9953-136-6.

Sumario

Brevísima presentación

La vida
Silvestre de Balboa (Gran Canaria,1563-Puerto Príncipe, 1649).

Se cree que llegó al Nuevo Mundo entre 1590 y 1600. Vivió en Cuba en Bayamo y residió sobre todo en Puerto Príncipe, ciudad en la que se desempeñó como escribano público y del cabildo, entre 1621 y 1634. *Espejo de paciencia* (1608), su única obra, es el primer poema cubano y fue dado a conocer por José Antonio Echeverría en el periódico *El Plantel* en 1838.

La épica y el trópico
El poema es, además de un relato épico, una exaltación impresionista de la flora y la fauna del trópico.

> De los prados que acercan las aldeas
> Vienen cargadas de mehí y tabaco, 360
> Mameyes, piñas, tunas y aguacates,
> Plátanos y mamones y tomates.

> De arroyos y de ríos a gran prisa
> Salen náyades puras, cristalinas,
> Con mucho jaguará, dajao y lisa,
> Camarones, biajacas y guabinas:
> Y mostrando al pastor con gozo y risa 375
> De las aguas mil cosas peregrinas,
> Se le ofrecieron y con gran prudencia

Le hizo cada cual la reverencia.

Los personajes
Las escenas de combate están aderezadas con minuciosas descripciones de los guerreros y sus atuendos:

> De los reyes Gaspar, el narigudo,
> Pasó con una cota milanesa,   90
> Y en el brazo derecho por escudo
> Un manatí, partida la cabeza.
> Luego Gaspar Rodríguez el membrudo
> Pasó con galán brío y gentileza,
> Y gran machete en el cintón pendiente   95
> Que pudiera temerlo el más valiente.

Y hacia el final aparece el héroe del relato. Aquí *Espejo de paciencia* propugna un nuevo género literario, el de la exaltación del héroe «incompleto» que por su origen «bárbaro» es descrito con una mezcla de fascinación y distancia.

> Andaba entre los nuestros diligente
> Un etíope digno de alabanza,   370
> Llamado Salvador, negro valiente,
> De los que tiene Yara en su labranza,
> Hijo de Golomón, viejo prudente:
> El cual, armado de machete y lanza,
> Cuando vido a Gilberto andar brioso,   375
> Arremete contra él cual león furioso.

Espejo de paciencia

Canto I

Argumento

El capitán Gilberto Girón, francés, Señor de la Ponfiera, llega con una gruesa nao a Manzanillo, puerto y jurisdicción del Bayamo; y teniendo noticia que el maestro don fray Juan de las Cabezas, Altamirano, obispo de esta Isla de Cuba, está en el hato de Yara, salta en tierra con veintiséis soldados y caminando de noche, prende al obispo y al canónigo Puebla, y los trae presos a su nao, donde rescatan al obispo por cueros y dinero, y le dan libertad.

Canten los unos el terror y espanto
que causó en Troya el Paladión preñado:
Celebren otros la prisión y el llanto
De Angélica y el Orco enamorado:
Que yo en mis versos solo escribo y canto   5
La prisión de un obispo consagrado:
Tan justo, tan benévolo y tan quisto
Que debe ser el sucesor de Cristo.

Don Juan Cabezas es Altamirano,
A quien el cielo con amor se inclina   10
Y hace que le confíe el soberano
La mitra episcopal de Fernandina:
Al cual un atrevido luterano
Temerario y osado determina
Prender, de su codicia apasionado;   15
Que nacen muchos males de un pecado.

De este prelado ilustre la paciencia

Con que pasó tan áspero suplicio,
La humildad, sufrimiento y obediencia
Con que se daba a Dios en sacrificio,   20
...

...

He de cantar si no es atrevimiento
Subir tan alto con tan bajo acento.

De amor diré las grandes maravillas   25
Que obró en el pecho de este obispo santo;
Pues por sus enemigos de rodillas
Rogaba a Dios con lágrimas y llanto.
Sus trabajos, angustias y mancillas
Serán adorno de mi débil canto: 30
Que tanto es mayor lástima el agravio
Cuanto el paciente principal o sabio.

Las armas cantaré con que la ofensa
Dio al ofensor la pena merecida;
Justo castigo de la mano inmensa   35
A una maldad tan grande y atrevida:
Que el gran Señor que todo lo dispensa
Y a todos con su gloria nos convida,
Si disimula como padre amigo,
Como severo juez nos da el castigo.   40

También diré el valor y valentía
De veinticuatro mílites monteros,
Que con agilidad y bizarría
Mostraron contra Francia sus aceros,
Y desnudos de escudos en un día   45
Dieron la muerte a veintiséis guerreros,

Y un capitán ilustre, grande hombre,
Que Gilberto Girón había por nombre.

Gregorio Ramos es de quien escribe
Esta hazaña tan digna de memoria,	50
Cuyo grande valor y pecho altivo
Es digno siempre de alabanza y gloria:
Porque su fuerte brazo vengativo
Alcanzó en Manzanillo una victoria
Tan alta, tan famosa y señalada	55
Cuanto la causa fue justificada.

Cesen en Dido, basten en Príamo
De sus ojos la líquida corriente,
Que nuestra Troya es hoy el Bayamo,
Humeando a impulsos de traición ardiente.	60
A los más afligidos cito y llamo,
Y hallarán en sus penas el ambiente
De un obispo atribulado y santo,
Con que es preciso mitigar el llanto.

Tiene el tercer Filipo, rey de España,	65
La ínsula de Cuba o Fernandina
En estas Indias que el océano baña,
Rica de perlas y de plata fina.
Aquí del Anglia, Flandes y Bretaña
A tomar vienen puerto en su marina	70
Muchos navíos a trocar por cueros
Sedas y paños y a llevar dineros.

Surgen aquestas naos a una playa
Que tiene al Sur, llamada Manzanilla,

Donde Eufrosina, Erato, Clio y Aglaya   75
Algún tiempo tuvieron certo y silla.
Mientras duró este trato dio de Acaya
Un mal olor que inficionó su orilla;
Y hay desde ella al Bayamo, villa sana,
Diez leguas y una más, por tierra llana.   80

Estaba a esta sazón el buen prelado
En esta ilustre villa generosa,
Abundante de frutas y ganado,
Por sus flores alegres y deleitosa.
Era en el mes de abril, cuando ya el prado   85
Se esmalta con el lirio y con la rosa,
Y están Favonio y Flora en su teatro;
Año de mil y un seis con cero y cuatro.

Tocan al arma, disparan arcabuces,
Apellidando a Jorge su abogado,   90
Y como fue el asalto entre dos luces,
No hay quien no esté afligido y espantado.
Comienza el buen obispo a hacerse cruces,
Atónito del caso no pensado.
Oh Dios que diste ciencia a Salomón,   95
¿Quién se podrá librar de tal traición?

Matan dos hombres que durmiendo estaban:
Golpean y hieren con gallardos bríos;
Y al rigoroso estruendo que formaban
La gente recordó de los bujíos;   100
Pero como del sueño despertaban,
Quedaron tan mortales y tan fríos
Cual si fueran de mármol o de canto,

Que el primer movimiento causa espanto.

Cual el pastor, después de anochecido,   105
Habiendo antes juntado su ganado,
Del dulce sueño queda sorprendido
Y da reposo al cuerpo fatigado,
Y llega el lobo con furor crecido,
Y hallando aquel aprisco descuidado   110
En él hace mortal carnicería
Sin que lo sienta hasta que llega el día:

Así nuestro pastor, cuando su gente
Tuvo en aquel asiento recogida,
Al blando sueño dio lugar decente,   115
Después que a Dios encomendó su vida:
Cuando el lobo Gilberto de repente
Dio en la pobre manada que dormida
Estaba, descuidado el pastor santo
Del repentino caso y nuevo espanto.   120

O, cual en la Canaria en apañadas
Acechan cabras ágiles cabreros,
Que en los riscos están y en las aguadas
Despuntando la grama en sus oteros;
Y estando así paciendo descuidadas   125
Dan de repente en ellas los monteros,
Y con el sobresalto que allí influyen,
Unas quedan paradas y otras huyen:

Así quedaron en la triste Yara
Los que durmiendo estaban descuidados;   130
Que despertando con zozobra rara,

Se vieron de enemigos rodeados.
Unos huyeron la fortuna avara;
Otros quedaron casi desmayados:

Que el repentino estruendo y agonía   135
Recogió al corazón la sangre fría.

Pero después que las pasadas penas
Dieron lugar al racional sentido,
Volvió la sangre a solidar las venas,
Y el corazón cobró el calor perdido;   140
Y pretendiendo allí con trazas buenas
Ponerse a la defensa el ofendido,
Dejóse luego tan honroso nombre;
Que tarde al bien se determina el hombre.

A todo este alboroto y vocería   145
De esta gente sacrílega y malvada,
Nuestro ilustre pontífice dormía,
Que casi dello nunca sintió nada:
Pero luego acudió la infantería
Con diligencia presta y mano armada,   150
Cercándole la casa por los lados,
Donde él y Puebla estaban descuidados.

Cuando del dulce sueño despertando,
Siendo su daño cerca allí consigo,
Y vido que le estaba amenazando   155
El herético, vil, falso enemigo,
Con grande mansedumbre y amor blando
Juzgó que era de Dios este castigo:
Y así de allí adelante al tiempo malo

Lo tuvo por amplísimo regalo.   160

Y viéndose desnudo en mal tan cierto,
Los gritos, el tropel, las vocerías,
Salió con una sábana cubierto,
Como aquél que echó a huir cuando el Mesías
y mandándole, a voces don Gilberto   165
Que se rindiese al fin sin más porfías,
Se dio a prisión, sin duda el peor estado
A que puede llegar un hombre honrado.

Lo mismo sucedió a Francisco Puebla,
Canónigo de Cuba, justo y bueno;   170
Y aun notando que el hato se despuebla,
Más siente su trabajo que el ajeno.
El aire y cielo con sus ayes puebla
Viendo de sus desdichas el estreno;
Que es necesaria cuando así es contraria   175
De Dios una paciencia extraordinaria.

Ahora es tiempo que me vayas dando,
Musa, una vena muy copiosa y larga,
Para que pueda celebrar llorando
Del buen obispo la prisión amarga.   180
No se hubo dado a las prisiones, cuando
Aquella gente de conciencia larga,
Las manos maniató al pastor doliente,
y él las cruzó, por ser más obediente.

Quieren decir algunos que vendido   185
Fue, como el buen Jesús, amada prenda;
Que donde es el virtuoso conocido,

No ha de faltar un Judas que le venda;
También lo fue Josef y perseguido
De sus hermanos con mortal contienda.   190
Después se vido con alteza y gloria,
Que casi fue figura de esta historia.

Los que os quejais de la fortuna avara
Por cualquiera mediano movimiento,
Los que mostrais en público en la cara   195
Lo mucho que sentis un descontento,
Vení al hato tristísimo de Yara:
Vereis de un temerario atrevimiento
Atadas con mil nudos apretados
Las manos que desatan los pecados.   200

¿Qué te quejas de amor, curioso amante,
Si tan pronto no logras tu deseo?
¿Qué estás llorando, triste mercadante,
Porque no te salió bien el empleo?
¿Y tú, soldado altivo y arrogante,   205
Que tienes la soberbia por trofeo?
Juntaos para ver a este prelado
A pie, descalzo, al Sol y destocado.

De esta manera le llevaron preso,
Cual si fuera culpado delincuente;   210
Y jugando con él al poco seso,
No faltó quien le diese a manteniente.
Cansado iba el pastor; mas no por eso
A piedad se movió la mala gente;
Que un obstinado corazón sin freno   215
Pocas veces se inclina a lo que es bueno.

Pues viendo los heréticos sayones
Que descansando el paso recobraba,
El capitán le dio dos encontrones
Con un arma de fuego que llevaba.   220
De esta manera fue entre los ladrones,
Y con esta congoja caminaba,
Tan fatigado y triste que pudiera
Mover a compasión a cualquier fiera.

Estaba el buen obispo tan cansado   225
Que dar no puede pasos adelante;
Y viendo en el camino puesta a un lado
La cruz con que Jesús salió triunfante,
Al pie de ella se puso arrodillado,
Y con contrito corazón constante,   230
Mientras que le dejó la gente fiera,
A hablarle comenzó de esta manera.

«Oh cruz divina, umbrosa, donde quiso
Morir mi Dios para que yo viviese;
Llave que el cielo abrió y al paraíso,   235
Consuelo del cuitado que padece;
Pues tanto bien en ti mi Dios nos hizo
Y permitió su amor que aquí te viese,
Merezca en mi favor ver lo que obras;
Que el verdadero amor se ve en las obras.   240

Eterno Dios, que al santo Daniel
Libraste del furor de los leones,
Y a Ananías, Ozania y Misael
Del fuego en que se vieron en prisiones,

Y a tu querido pueblo de Israel   245
De egipcios le libraste y faraones,

Líbrame, buen Jesús, de estas zozobras
Que el verdadero amor se ve en las obras.

Y como a Paulo de la mar libraste
Y a Pedro, mi pastor, de la cadena,   250
Y a Loth, pues de Sodoma le sacaste,
Y al profeta Jonás de la ballena,
Te pido por las penas que pasaste
Me libres hoy de esta prisión y pena,
Pues un pastor para tu iglesia cobras,   255
Que el verdadero amor se ve en las obras.»

«Pero si tu piedad quiere y consiente
Que tenga esta prisión por beneficio,
A todo estoy sujeto y obediente
Y como Isaac humilde al sacrificio.   260
Mas acordaos, Señor, que estoy ausente
De la iglesia, mi esposa, y que mi oficio
Es enmendar, cual veis, faltas y sobras;
Y el verdadero amor se ve en las obras.»

No hubo dicho bien la oración breve,   265
Cuando el hereje, pérfido maldito,
Comenzó a maltratar con mano aleve
El rostro humilde del pastor bendito
Mas quien en Dios se fía y en Él se atreve,
Comenzó a predicarles lo que escrito   270
Nos dejaron los cuatro del Consejo
Que de la Ley de gracia son espejo.

Iba el pastor tan falto de resuello
Que dar paso adelante no podía;

Ligadas ambas manos con el cuello,   275
Que a gran dolor y lástima movía:
Mas el divino Dios, echando el sello
De su misericordia, el mismo día
Dio traza como allí se le trajese
Un caballo en que el príncipe subiese.   280

Ese le trajo allí Juan de Sifuentes;
Que como supo el caso repentino,
Tomó la posta en busca de estas gentes
Por socorrer al príncipe benigno,
Y con los ojos tristes hechos fuentes,   285
Alcanzándole en medio del camino,
El caballo le dio donde el prelado
Subió afligido, triste y fatigado.

Y tomando las riendas en la mano
De diestro lleva al príncipe llorando,   290
Y con gran libertad al luterano
Le reprende un caso tan infando.
Mostró Sifuentes como buen cristiano
Su generoso pecho y amor blando,
y ser en su valor entre estas gentes   295
Hijo de Juan Rodríguez de Sifuentes.

Pero la vil canalla, cuando vieron
Puesto a caballo al príncipe cristiano,
Un francés a las ancas le subieron

Porque no se les fuese de la mano.			300
De esta manera caminando fueron.
Hasta poner el pie en el océano,

Que se embarcaron todos en la orilla
Que forma en sus arenas Manzanilla.

Embravecióse el mar en aquel punto			305
Como sentido de la humana afrenta,
Y con el viento hizo contrapunto,
Tan triste como suele en gran tormenta.
Todos mostraron el color difunto;
Que el miedo de morir y dar la cuenta		310
Hace mudar al hombre los intentos,
Y mejora la vida y pensamientos.

Luego por todo el reino de Neptuno
La fama publicó caso tan feo;
El cual con Thetis, Palemón, Portuno,		315
Glauco, Atamantes, Doris y Nereo
Y las demás deidades de consuno,
Pherco, Salacia, Brontes y Proteo,
Las focas y nereidas en concierto
Llegaron a la nave de Gilberto.			320

Y condolidas del obispo santo,
Le ofrecen su favor con mano armada:
Mas él con la humildad que puede tanto,
No quiso en su defensa aceptar nada;
Antes con la oración mezclada en llanto,		325
Aunque ve su persona maltratada,
A su venganza misma pone freno.

¡Oh, cuánto puede la virtud del bueno!

Entre las naves que allí tomaron puerto
Fue una de Pompilio el italiano;   330

El cual luego que supo el caso cierto
Del ilustre pastor Altamirano,
Sentido del agravio y desconcierto,
Como hombre principal y buen cristiano
Fue a ver al buen obispo, y de rodillas   335
Bañó con grande pena sus mejillas.

Lo mismo Jaques hizo, su pariente,
Con mucha devoción y cortesía,
Que al fin aunque en la mar y entre ruin gente,
Nunca esconderse pudo la hidalguía.   340
Tratan de su rescate largamente,
Y ofrécenle su hacienda y mercancía,
Que aquél que tiene hidalgos pensamientos
Con obras mide sus ofrecimientos.

Recibió el obispo gran consuelo,   345
Y con un tierno amor de padre pío,
Con ambas manos los alzó del suelo,
Si puede haberlo dentro de un navio:
Y agradeciendo de ambos el buen celo,
Puso su libertad en su albedrio: 350
Que el hombre noble y de alta cortesía
Aun de quien no conoce se confía.

Al fin se concertaron en mil cueros
Por el rescate del pastor benino,

Y doscientos ducados en dineros,   355
Cien arrobas de carne y de tocino,
Sin otras cosas para los guerreros
Que en Yara hicieron tan loco desatino;
Que esto del dar allana inconvenientes
Y ablanda á todo genero de gentes.   360

Pompilio y jaques fueron los fiadores
De que sería la paga sin tardanza:
Pero nunca quisieron los traidores,
Que el ruín jamás de nadie hace confianza:
Y así los dos amigos valedores,   365
Por no poner en riesgo mi balanza
Del pastor la persona de sus bienes
Dos mil ducados dieron en rehenes.

Con esto, y con que quede a buena guerra
Con ellos puebla á vez sus desvaríos,   370
Al generoso obispo echan en tierra
Con salva general de los navios.
Estaba ya la gente de la tierra
Esperando en los arboles sombrios
Al bendito pastor que ya venia   375
Llorando de contento y de alegria.

Da las gracias á jaques y á Pompilio,
Y, de ellos se despide tiernamente:
Ofréceles su casa y domicilio
Y cuanto: puede su familia y gente   380
Ellos, que ven abierto el codicilio
De voluntad tan grata y endente,
Las manos le besaron de rodillas,

Y el pastor humedece sus mejillas.

Y estampados los pies en las arenas   385
Vido de sus ovejas el rebaño:
Llora con ellas sus pasadas penas,
Y ellas lloran con él su grave daño.
Anudan con mil grillos y catenas
Su recíproco amor con desengaño   390
Quedan ellas alegres y él contento.
¡Oh cuanto puede un dulce parlamento!

Estaba el buen obispo muy sentido
De las pobres ovejas de esta villa;
Porque del triste caso sucedido   395
Pensó que tenian culpa no sencilla:
Mas viéndolas delante conmovido
Del natural amor con que se humilla,
No solo no mostró queja ninguna,
Pero las abrazó de una en una.   400

Así como el pastor pisó de Yara
Las verdes yerbas y esmaltadas flores,
Alegres ojos y contenta cara
Mostró de allí adelante á sus dolores.
Fué desecando la fortuna avara   405
El pasado trabajo y sinsabores,
Y así recuperó sin demasia
El gusto, la salud y la alegría.

Sálenle a recibir con regocijo
De aquellos montes por allí cercanos,
Todos los semicapros del cortijo,   410

Los sátiros, los faunos y silvanos.   415
Unos le llaman padre y otros hijo;
Y alegres, de rodillas, con sus manos
Le ofrecen frutas con graciosos ritos,
Guanábanas, gegiras y caimitos.

Vinieron de los pastos las napeas   420
Y al hombro trae cada una un pisitaco
Y entre cada tres de ellas dos bateas
De flores olorosas de navaco.
De los prados que acercan las aldeas
Vienen cargadas de mehí y tabaco,   425
Mameyes, piñas, tunas y aguacates,
Plátanos y mamones y tomates.

Bajaron de los árboles en naguas
Las bellas hamadriades hermosas
Con frutas de siguapas y macaguas   430
Y muchas pitajayas olorosas;
De birijí cargadas y de jaguas
Salieron de los bosques cuatro diosas,
Dríadas de valor y fundamento
Que dieron al pastor grande contento.   435

De arroyos y de ríos a gran prisa
Salen náyades puras, cristalinas,
Con mucho jaguará, dajao y lisa,
Camarones, biajacas y guabinas:
Y mostrando al pastor con gozo y risa   440
De las aguas mil cosas peregrinas,
Se le ofrecieron y con gran prudencia
Le hizo cada cual la reverencia.

Luego sin detenerse un punto apenas
Vienen efedríades de las fuentes,   445
Y con mil diferencias de verbenas
Coronadas las sienes y las frentes,
Esparcen por el aire las melenas
Más que el oro de Arabia relucientes;
Y con plática dulce y regalada   450
Le dan el parabien de su llegada.

Luego de los estanques del contorno
vienen las lumniades, tan hermosas
Que casi en el donaire y rico adorno
Quisieron parecer celestes diosas;   455
Y por regaladísimo soborno
Le traed al buen obispo, entre otras cosas,
De aquellas jicoteas de Masabo
Que no las tengo y siempre las alabo.

Centauros y silvestres sagitarios   460
Vienen saltando por el verde llano,
Diciendo a gritos con acentos varios
¡Viva nuestro pastor Altamirano!
Mil géneros de caza extraordinarios
Colgando traen del cinto y de la mano;   465
Y en rudo frasis, cual mejor supieron,
La bienvenida al buen obispo dieron.

Las hermosas oréades dejando
El gobierno de selvas y montañas,
A Yara van alegres y cazando   470
Como suelen diversas alimañas,

Y viendo al santo príncipe, humillando
Su condición y abiertas sus entrañas,
Le ofrecieron con muchas cortesías
Muchas iguanas, patos y jutías.   475

Después que la silvestre compañía
Hizo al santo pastor su acatamiento,
Y cada cual le dio lo que traía
Con amor, voluntad, gozo y contento,

Al son de una templada sinfonía,   480
Flautas, zampoñas, y rabeles ciento,
Delante del pastor iban danzando,
Mil mudanzas haciendo y vueltas dando.

Era cosa de ver las ninfas bellas
Coronadas de varias laureolas.   485
Y aquellos semicapros junto a ellas
Haciendo diferentes cabriolas.
Danzan con los centauros las más bellas
Y otros de dos en dos cantan a solas;
Suenan marugas, albogues, tamboriles,   490
Tipinaguas y adufes ministriles.

De esta manera el príncipe cristiano
Llegó de Yara al sitio deleitoso,
A donde con la vista de aquel llano
Dio al cuerpo fatigado algún reposo.   495
Aquí le dejaremos libre y sano,
En tanto que el buen Ramos, deseoso
De vengar la prisión de su prelado,
Recoge los monteros de aquel prado.

Canto II

Argumento
El capitán Gregorio Ramos junta veinticuatro hombres de los que halló en los hatos comarcanos a Yara, y con ellos va a Manzanillo, y vence en batalla campal al capitán Gilberto Girón, francés, trae su cabeza al Bayamo.

Valientes caballeros que en Bretaña,
Flandes, Italia y otras cien mil partes,
En honra de Filipo, rey de España,
Enarboláis banderas y estandartes;
Los que en acometer cualquier hazaña   5
Sois en el Nuevo Mundo muchos martes,
A todos os convido a oír un canto
Lleno de admiración, valor y espanto.

Atrás es dije ya cómo quedaba
Libre el obispo y en su domicilio,   10
A donde del rescate se trataba
A que quedaron Jacques y Pompilio,
El cual a toda prisa se entregaba
A los de aquel herético concilio;
Que no hay mayor dolor para un discreto   15
Como deber a ruines sin respeto.

En tanto que la paga se hacía
El buen Gregorio Ramos, de quien canto,
En su discreto pecho proponía
Vengar la injuria del obispo santo;   20
Y por no dilatar para otro día

Esta hazaña que importaba tanto
Dio parte de ella el valeroso hispano
Al ilustre pastor Altamirano.

Y ambos a dos y un principal vecino,			25
Jácome Milanés, se resolvieron

De hacer una emboscada en el camino
Con los amigos que juntar pudieron;
Y Antonio de Tamayo se previno,
Y en la entrada del monte se pusieron,			30
Con orden que no deje, aunque dé el nombre,
Pasar de Manzanillo a ningún hombre.

Y los tres, cada cual por su vereda,
Partieron a los hatos comarcanos,
A buscar entre matas y arboleda			35
Quien tornase las armas en las manos:
Y juntando de presto en una rueda
Veinticuatro valientes insulanos,
Digo, de aquellos que en el fértil prado
Acometen al toro más picado;			40

Con esta valerosa compañía
Parten a Yara, principal asiento,
Donde llegaron al romper el día
Cuando Timbreo deja su aposento.
Aquí llenos de ardor y de alegría,			45
Le declararon al pastor su intento;
Prometiéndole todos por muy cierto
El traerle la cabeza de Gilberto.

El buen obispo hizo sus protestos
Con las solemnidades del derecho,   50
Y que dejasen tales presupuestos
Les rogó a todos con humilde pecho:
Mas ellos que animosos y dispuestos
Estaban al heroico y alto hecho,
No aceptan las razones de que usa;   55
Que la resolución no admite excusa.

Luego el valiente Ramos deseoso
De dar de su valor al mundo muestra,
Con un gallardo espíritu brioso
De sus pocos soldados hizo muestra.   60
Iba delante el capitán famoso
Con su espada en la cinta, y en la diestra
Una lanza que cuasi competía
Con la famosa de oro de Argalía.

Jácome Milanés que adonde quiera   65
Pudiera parecer con su alabarda,
Pasó y por morrión una montera
De paño azul con una pluma parda.
El bravo portugués Miguel de Herrera
Con un gran botafogo y espingarda   70
Pasó, mostrando como fuerte roble
El valor grande de su estirpe noble.

Gonzalo que de Lagos y Mejía
La fama ilustra y su valor sustenta,
Pasó, con una punta que tenía   75
Para librarse de cualquier afrenta;
Y a su lado con él Martín García

Con un chuzo escogido entre cincuenta,
Con su pluma de gallo en el sombrero
Más galán que Reinaldos ni Rujero.   80
Pasó Gaspar Mejía que las minas
Descubrió en lo alto de la sierra,

Con una espada corta de las finas
Que hizo Sagunto para astuta guerra.
Con mil plumas de aves peregrinas   85
Mostró su bizarría el buen Juan Guerra,
Con un puñal, dorada la manzana,
Y al hombro una valiente partesana.

De los reyes Gaspar, el narigudo,
Pasó con una cota milanesa,   90
Y en el brazo derecho por escudo
Un manatí, partida la cabeza.
Luego Gaspar Rodríguez el membrudo
Pasó con galán brío y gentileza,
Y gran machete en el cintón pendiente   95
Que pudiera temerlo el más valiente.

Diego con Baltasar de Lorenzana
Pasaron cada uno con su punta;
Gallardos más que el Sol por la mañana
Cuando sale galán y agua barrunta.   100
Pisando con furor la tierra llana
Donde antes había estado en su yunta
Pasó Pedro Vergara el de los grillos,
Con su aguijada al hombro y dos cuchillos.

Con arrogante talle pasó tieso   105

Bartolomé Rodríguez el valiente,
Con espada y broquel barcelonesco
Y de la cinta un gran puñal pendiente.
Luego pasó con gravedad y peso
Un mancebo galán de amor doliente,   110
Criollo del Bayamo, que en la lista
Se llamó y escribió Miguel Baptista.

Hernando con Antonio de Tamayo,
Cada uno con su lanza y su cuchillo,
Pasan galanes cual florido mayo   115
De rojo, verde, blanco y amarillo.
Luego en otra hilera como un rayo,
Con el color de pálido membrillo
Pasó Miguel hasta la fin sujeto
De Luis de Salas, provisor discreto.   120

Pasó con galán brío denodado
El bravo Juan Merchán dando mil saltos,
Con un vestido todo ensangrentado
De cañamazo fino de tres altos,
Y armado con un herrón bien amolado   125
Mostró al pastor sus pensamientos altos:
Y luego, con un gran templón que trujo,
Pasó Gaspar el flaco de Araújo.

De Canarias Palacios y Medina
Pasan armados de machete y dardo,   130
Juan Gómez, natural, con punta fina,
Y Rodrigo Martín, indio gallardo;
Cuatro etíopes de color de endrina;
Y por la retaguardia, aunque no tardo,

Va Melchor Pérez con aguda punta   135
Que con su amago hiere y descoyunta.
De esta manera el capitán valiente
De sus pocos soldados hizo alarde;

Y aunque falto de armas y de gente
Por verse en la ocasión suspira y arde;   140
Porque según se dice comúnmente
Si se pierde una vez se cobra tarde;
Y es muy de cuerdo y de la edad madura
No perder ocasión ni coyuntura.

Luego en un punto el escuadrón cristiano   145
Pide la bendición al pastor santo:
Él se la echa y besánle la mano
No sin ternezas, lágrimas y llanto.
Miden de Yara el espacioso llano
Hasta llegar donde desean tanto,   150
Y dieron vista a la famosa orilla
Del puerto principal de Manzanilla.

Así como la playa divisaron
Donde fue de Gilberto la ruina,
Un negrito criollo despacharon   155
Con tocinos y carne a la marina:
Y luego con secreto se emboscaron
Con la arboleda allí circunvecina,
Donde el buen Ramo, puesto en cabecera,
A hablarles comenzó de esta manera.   160

Amigos que con armas y aparato
En aquesta ocasión venís conmigo,

A vengar el agravio y desacato
Que a nuestro obispo hizo el enemigo
Pues es notorio a todos su mal trato   165
Digno de pena y ejemplar castigo,
Buen tiempo y ocasión es la de ahora;
Que un buen morir cualquier afrenta dora.

«Estos herejes son los que al prelado
Trataron de la suerte que habeis visto,   170
Sin mirar que era obispo consagrado
Y vicario del mismo Jesucristo.
Él quiere paguen hoy su gran pecado
Con ejemplar castigo nunca visto.
¡Ánimo! ¡A la batalla, que ya es hora!   175
Que un buen morir cualquier afrenta dora.

Y pues Dios quiere que por nuestra mano
Se castigue tan grande atrevimiento,
Démosle gracias, escuadrón cristiano,
Que nos toma el Señor por instrumento.   180
Conozca hoy el buen Altamirano
De nuestros corazones el intento
Con el herrón y punta vengadora:
Que un buen morir cualquier afrenta dora.

El ímpetu francés que habeis oído   185
No es más de la primera arremetida;
Y en oyendo de España el apellido
Con tan solo la voz va de vencida.
Esta causa es de Dios: si Él es servido
Que le sacrifiquemos nuestra vida   190
¿Qué mejor ocasión que la de ahora?

Que un buen morir cualquier afrenta dora.»

En este tiempo ya el negrillo había
Dicho a los marineros en el puerto,
Que no les podía dar lo que traía   195
Si no saltaba en tierra don Gilberto:
Que así se lo mandó su Señoría.
Sin haber tal les afirmó por cierto:
Y que Puebla con él también saltara,
Para que los tocinos le entregara.   200

Mas como el corazón, prenda preciada,
Todas la veces o las más acierta,
Causó en los marineros la embajada
Una sospecha verdadera y cierta:
Y temiendo algún trato y emboscada   205
Volvieron a la nao, el alma muerta,
Que la imaginación aun en discretos,
Suele a veces causar varios efectos.

Dijéronle a Gilberto todo el caso:
Pero como soberbio y arrogante,   210
Hizo de todo ello poco caso
Mostrando gran valor en el semblante:
Y con las fuerzas de su diestro brazo
Tira un batel y baja en un instante,
Con veintiséis infantes bien armados   215
De los más atrevidos y estimados.

Saltan en tierra con gallardo brío,
Pisan soberbios la menuda arena,
Disparan balas por el aire frío,

Cual si en su patria fuesen, no en la ajena.   220
Puebla, que ve su mucho desvarío,
Que en tierra está con ellos no sin pena,
Lo que ha de suceder imaginando,
Por donde tiene de huir está mirando.

Mientras el enemigo en las orillas   225
De aquella playa se gallardeaba,
Nuestro escuadrón hincado de rodillas
Con grande devoción orando estaba,
Hasta que ya de las etéreas sillas
El victorioso fin que se esperaba   230
Salió en conformidad de su esperanza.
¡Oh, cuánto la oración puede y alcanza!

En esto, cual leones tras de gamos,
Salen los nuestros ya de la montaña;
Y en delantera el buen Gregorio Ramos,   235
Diciendo: «¡Santiago, cierra España!».
Y van cubiertos de los verdes ramos
Con que la Dafne triste se acompaña
Después que de certeza fue cubierta,
Cual si tuviesen la victoria cierta.   240

No hubo Gilberto visto nuestra gente,
Cuando cortado de un temor helado
Quedó, cual suele un caso de repente
Dejar a un hombre atónito y turbado:
Pero volviendo en sí como valiente,   245
El semblante encendido y colorado,
Con la espada en la mano obraba cosas
Tan llenas de valor como espantosas.

Acométense entrambos escuadrones
Con tanta furia, ímpetu y braveza,   250
Cual suelen los fortísimos leones
Cuando se embisten por llevar la presa.
Tienen nuestros isleños los herrones;
Muestra el francés su mucha fortaleza,
Con tanto estruendo, grita y vocería   255
Que pareció que el mundo se hundía

Andaba Miguel López de Herrera
Con más furor que el iracundo Marte,
Matando y deshaciendo de manera
Qué solo a él se rindió la mayor parte.   260
Miguel Baptista andaba de carrera
Mostrando su valor, esfuerzo y arte,
Con Gonzalo de Lagos el valiente
Honor y gloria de su ilustre gente.

Jácome Milanés menudas piezas   265
De franceses va haciendo con su espada,
Rompiendo brazos, piernas y cabezas
Con que tiene la playa ensangrentada.
No mostró menos brío y fortaleza
Medina con su punta acicalada: 270
Y el buen Merchán, con su herrón fornido,
Vuelve a teñir de nuevo su vestido.

Mostró su gran valor Martín García
Con su escogido chuzo y barba cana,
Lo mismo hizo allí Gaspar Mejía,   275
Y el buen Diego y Francisco Lorenzana.

Dio Melchor Pérez de su gran valía
A todo el mundo muestra soberana;
Y hundiendo con sus golpes mar y tierra
Se señalaron Reyes y Juan Guerra.   280

Bartolomé Rodríguez como rayo,
Mata, hiere, destroza y atropella;
Y el Hernando y Antonio de Tamayo
Muestran su gran valor y buena estrella;
Y como del acero al duro ensayo   285
Aborta el pedernal una centella,
Salió el bravo Palacios como un trueno,
De sangre de franceses todo lleno.

Dos Gaspares Rodríguez y Araujo,
Y otro del mismo nombre Lorenzana,   290
A su obediencia cada cual condujo
Gran parte de la gente luterana.
Juan Gómez con los indios que allí trujo
Su valor demostraba esa mañana;
Y los cuatro etíopes esforzados   295
Hicieron el deber como soldados.

Miguel del provisor no está parado,
Que con su punta valerosamente
Tiene todo aquel suelo ensangrentado
De sangre aleve de francesa gente.   300
¡Oh, Luis de Salas, provisor honrado!
¡Benévolo, cortés, sabio y prudente!
Que hasta tus esclavos en la tierra
Sirven a Dios y al rey en paz y en guerra.

Viendo ya de la nao la batería,   305
Y de su gente el daño manifiesto,
Dieron en disparar la artillería;
Mas fue sin fundamento todo esto:
Porque nuestro escuadrón con bizarría
Apretando los puños echó el resto,   310
Dando de su valor pruebas tan altas
Que quererlas pintar será con faltas.

Los franceses, no menos animosos,
Conservan el valor y valentía
De aquellos doce pares tan famosos   315
Que tanto eternizaron su valía:
Rompen, golpean y hieren muy furiosos,
Con tan grande valor y tal porfía,
Que estuvo la victoria conocida
En mucha duda, y casi ya perdida.   320

También el valeroso don Gilberto
Muestra su gran valor y fortaleza,
Y como capitán sabio y experto
Acude a donde ve mayor flaqueza;
Y viendo su escuadrón ya sin concierto,   325
Y que va desmayando a toda prisa,
Así por animarlos los regala,
Que la necesidad todo lo iguala.

«Caros amigos, dulces compañeros,
De lo mejor de Francia procedidos,   330
Acordaos que Reinaldo y Oliveros
Primero fueron muertos que vencidos.
Mostrad como valientes caballeros

El gran valor que os hace conocidos,
Haciendo en esta gente cruel matanza,   335
Que con la vida al fin todo se alcanza.

Estos que veis cargados de herrones,
Con el vestido todo ensangrentado,
No es de matar a tigres y leones,
Que no los hay aquí ni lo han usado: 340
Ni son de aquellos fuertes campeones
Que ocupan de Belona el diestro lado,
Mueran a fuego y sangre sin tardanza,
Que con la vida al fin todo se alcanza.

Acordaos de la patria deseada,   345
Y de vuestros amigos y parientes,
Y de la dulce vida regalada
Que en ella pasan hoy todas las gentes:
Si a vida tan suave y regalada
Quereis volver, obrad como valientes,   350
Sin que perdais un punto la esperanza,
Que con la vida al fin todo se alcanza.

Si salís con victoria de este hecho
Hareis eterno vuestro nombre y fama;
Y demás de la honra y el provecho   355
Con que os convida la ocasión y os llama,
De vuestro ilustre y generoso pecho
Se verá el resplandor y clara llama,
Usando del valor contra la lanza,
Que con la vida al fin todo se alcanza.»   360

De esta manera triste y afligido

Animaba Gilberto a sus soldados,
Que quien en un trabajo está metido
Tienta para salir todos los vados,
Y con igual furor nunca vencido,   365
De que son los franceses alabados,
Hicieron mil hazañas de memoria,
Dignas de eterno nombre, fama y gloria.

Andaba entre los nuestros diligente
Un etíope digno de alabanza,   370
Llamado Salvador, negro valiente,
De los que tiene Yara en su labranza,
Hijo de Golomón, viejo prudente:
El cual, armado de machete y lanza,
Cuando vido a Gilberto andar brioso,   375
Arremete contra él cual león furioso.

Don Gilberto que vido al etíope,
Se puso luego a punto de batalla,
Y se encontraron; mas quedó del golpe
Desnudo el negro, y el francés con malla. 380
¡Oh tú, divina musa Caliope,
Permite, y tú bella ninfa Aglaya,
Que pueda dibujar la pluma mía
De este negro el valor y valentía!

Andaba don Gilberto ya cansado,   385
Y ofendido de un negro con vergüenza;
Que las más veces vemos que un pecado
Al hombre trae a lo que nunca piensa:
Y viéndole el buen negro desmayado,
Sin que perdiese punto en su defensa,   390

Hizóse afuera y le apuntó derecho,
Metiéndole la lanza por el pecho.

Mas no la hubo sacado, cuando al punto
El alma se salió por esta herida,
Dejando el cuerpo pálido y difunto,	395
Pagando las maldades que hizo en vida.
Luego uno de los nuestros que allí junto
Estaba con la mano prevenida,
Le corta la cabeza, y con tal gloria
A voces aclamaron la victoria.	400

¡Oh, Salvador criollo, negro honrado!
¡Vuele tu fama, y nunca se consuma;
Que en la alabanza de tan buen soldado
Es bien que no se cansen lengua y pluma!
Y no porque te doy este dictado,
Ningún mordaz entienda ni presuma	405
Que es afición que tengo en lo que escribo
A un negro esclavo, y sin razón cautivo.

Y tú, claro Bayamo peregrino,
Ostenta ese blasón que te engrandece;
Y a este etíope, de memoria dino,	410
Dale la libertad pues la merece.
De las arenas de tu río divino
El pálido metal que te enriquece
Saca, y ahorra antes que el vulgo hable,
A Salvador el negro memorable.	415

Huye el francés aprisa a la marina,
y dentro del mar se arroja y abandona;

Pero aun ahí los halla más aína
La muerte que a ninguno lo perdona:
Van en su alcance Reyes y Medina   420
Y los demás sin exceptuar persona,
Y en el agua les dan la muerte a nado,
Que se puede decir «maté ahogado».

Parten en un batel por el mar largo
Cuatro franceses con ligera priesa,   425
Que de la muerte fiera el trago amargo
Al más valiente quita la braveza:
Pero Miguel Baptista como un pargo
A nado se arrojó tras de la presa,
Y detuvo el batel en la bahía   430
Con muy grande valor y valentía.

Salen en su socorro a vuelo y nado
Merchán y Melchor Pérez el brioso,
Y Manso el negro, pero buen soldado,
Con su hermano que es valiente mozo: 435
Llegan a donde estaba aquel pescado,
Y cada cual soberbio y animoso
Tirando muchos tajos y reveses,
Rindieron el batel con los franceses.

En esto un español que por su suerte   440
Viene por tango-manga del navío
Se echa a nado huyendo de la muerte,
Que el miedo solo para huir da brío.
Mas Pedro de Vergara, varón fuerte,
Que vio del español el desvarío,   445
Tras él se arroja al agua, y alcanzolo,

Y a cuchilladas lo rindió, y matólo.

Escapáronse cuatro renegados
Que mal heridos por el mar huyeron;
Los cuales a su nao ya llegados   450
Las tristes nuevas de su suerte dieron.
Aquí murieron todos los soldados
Que en la prisión del buen obispo fueron,
Que así castiga Dios los atrevidos
Que ponen mano o lengua en sus ungidos.   455

Un indio de los nuestros solamente
Murió de una herida penetrante,
Sin que hubiese más daño en nuestra gente
En victoria tan grande e importante.
Luego nuestro escuadrón viendo presente   460
A su buen Ramos, con su amor constante,
En hombros de dos indios le levantan,
Y a grandes voces la victoria cantan.

Sale de sus cavernas, de uvas lleno
El venerable aspecto, entre pescados,   465
El ansioso Bayamo, y el ameno
Margen admira lleno de soldados:
Mira del sucesor del Nazareno
El rostro grave y ojos recatados;
Y alegre de lo ver en su ribera,   470
A hablarle comenzó de esta manera.

«Pastor ilustre, de este suelo amparo,
A quien el cielo estima, precia, honora,
Cuyo cristiano pecho y valor raro

Al mismo Dios agrada y enamora,   475
Bienvenido seais al nido caro,
Cual vino al Arca el ave triunfadora;
Pues en vos resplandece con llaneza
Sinceridad, quietud, amor, nobleza.

Hasta en mis venas y cavernas frías   480
De vuestras gracias se sintió el ausencia;
Secáronse las fuentes más sombrías;
Los ojos dieron al llorar licencia,
Volviéndose en dolor las alegrías.
Mas ya, noble pastor, vuestra presencia   485
Nos muestra, desterrando la tristeza,
Sinceridad, quietud, amor, nobleza.

Ahora brotarán todas las flores
Con que se matizaban mis orillas;
Cantarán sin dolor los ruiseñores,   490
Jilgueros, pentasilbos y abobillas:
Abundarán los frutos en mejores,
Alegraránse todas estas villas,
Y en vos verán con santidad y alteza.
Sinceridad, quietud, amor, nobleza.   495

Como suele después de la tormenta
Venir con alegría la bonanza,
Y la gente de triste y descontenta
Volver su desconsuelo en confianza,
Así fue para todos vuestra afrenta,   500
Que se volvió en contento y esperanza
Viendoos en libertad y en vos expresa
Sinceridad, quietud, amor, nobleza.»

No dijo más; y al punto con ruido
Se sumergió en las aguas cristalinas,   505
Dejando al buen obispo suspendido
De su extrañeza y partes peregrinas.
Nuestro fuerte escuadrón que notó y vido
Del anciano Bayamo las divinas
Razones, rostro, y talle de contento,   510
Entran cruzando el líquido elemento.

Hacen guirnaldas de sus varias flores
Blancas, azules, rojas y moradas;
Y como valerosos vencedores
Ciñen sus sienes, con razón honradas.   515
En esto ya el cabildo y regidores,
Con las demás personas señaladas,
Los frailes todos y la clerecía,
Los salió a recibir con alegría

Encuéntranse con ellos en Manegua,   520
Ameno sitio, rico de labranzas,
Donde al corto camino ponen tregua
Mientras duran abrazos y alabanzas.
Luego caminan la pequeña legua
Con músicos a coros y mudanzas,   525
Hasta que todos vieron del Bayamo
El ameno lugar que tanto amo.
Iba delante el capitán experto,
Representando un Marte fiero, airado;
Llevando la cabeza de Gilberto   530
Un paje en un puñal ensangrentado;
Y luego en sus hileras en concierto

El valeroso ejército preciado;
Y por la retaguardia las coronas
Del sacro obispo y las demás personas.   535

Con esta majestad y este aparato
Entró Gregorio Ramos en la villa,
Dando al lugar un súbito rebato
De contento, placer y maravilla:
Y por ser al Señor en todo grato   540
Fue al templo de la Virgen sin mancilla,
Y dio las gracias a la Madre e Hijo
De la nueva victoria y regocijo.

Estaba apercibido ya en la iglesia
Blas López, sacristán de aquella villa,   545
A quien todo el Bayamo estima y precia
Como a Guerrero la sin par Sevilla;
Y con la dulce voz de que se precia,
Con los cantores de su gran capilla,
A este motete dio principio y gracia.   550
Cual el famoso músico de Tracia.

Fin

Libros a la carta

A la carta es un servicio especializado para
empresas,
librerías,
bibliotecas,
editoriales
y centros de enseñanza;
y permite confeccionar libros que, por su formato y concepción, sirven a los propósitos más específicos de estas instituciones.

Las empresas nos encargan ediciones personalizadas para marketing editorial o para regalos institucionales. Y los interesados solicitan, a título personal, ediciones antiguas, o no disponibles en el mercado; y las acompañan con notas y comentarios críticos.

Las ediciones tienen como apoyo un libro de estilo con todo tipo de referencias sobre los criterios de tratamiento tipográfico aplicados a nuestros libros que puede ser consultado en Linkgua-ediciones.com.

Linkgua edita por encargo diferentes versiones de una misma obra con distintos tratamientos ortotipográficos (actualizaciones de carácter divulgativo de un clásico, o versiones estrictamente fieles a la edición original de referencia).

Este servicio de ediciones a la carta le permitirá, si usted se dedica a la enseñanza, tener una forma de hacer pública su interpretación de un texto y, sobre una versión digitalizada «base», usted podrá introducir interpretaciones del texto fuente. Es un tópico que los profesores denuncien en clase los desmanes de una edición, o vayan comentando errores de interpretación de un texto y esta es una solución útil a esa necesidad del mundo académico.

Asimismo publicamos de manera sistemática, en un mismo catálogo, tesis doctorales y actas de congresos académicos, que son distribuidas a través de nuestra Web.

El servicio de «libros a la carta» funciona de dos formas.

1. Tenemos un fondo de libros digitalizados que usted puede personalizar en tiradas de al menos cinco ejemplares. Estas personalizaciones pueden ser de todo tipo: añadir notas de clase para uso de un grupo de estudiantes, introducir logos corporativos para uso con fines de marketing empresarial, etc. etc.

2. Buscamos libros descatalogados de otras editoriales y los reeditamos en tiradas cortas a petición de un cliente.

www.ingramcontent.com/pod-product-compliance
Lightning Source LLC
LaVergne TN
LVHW041439170726
843492LV00008B/2694